ÚLTIMA CLARIDAD

Bernando Valdés

ÚLTIMA CLARIDAD

RENACIMIENTO

www.editorialrenacimiento.com

BUGANVILLA, 1 • 41907 VALENCINA DE LA CONCEPCIÓN (SEVILLA)

tel.: (+34) 955998232 • editorial@editorialrenacimiento.com

Diseño de cubierta: Marie-Christine del Castillo
Ilustración de Alicia Marsans

DEPÓSITO LEGAL: SE 1011-2025 • ISBN: 979-13-87552-78-7
Impreso en España • Printed in Spain

A Ramón Gaya,
que me mostró su grandeza
ensalzando lo minúsculo.

«¿Qué es nuestra vida más que un breve día,
do apenas sale el sol, cuando se pierde
en las tinieblas de la noche fría?».

ANDRÉS FERNÁNDEZ DE ANDRADA

BEATUS ILLE...

CANSADO de esta vida incongruente
me retiro del mundo. Tanta vana
procesión de los días en semana
lo convierten a uno en un demente.

Me sustento de oler este airecillo
perfumado a su paso por el huerto
y descubro que vuelvo a estar despierto
cuando se oye de pronto cómo el grillo

a la noche saluda con su canto.
Me llena más de gozo que de espanto
ser insignificante, y me consuela

el lúcido monólogo del tordo,
saber que todavía no estoy sordo
ni ciego a su belleza cuando vuela.

I

SUITE EN VEINTE MOVIMIENTOS

I

Los días tristemente se repiten
sin que yo sepa darles un sentido
o alguna explicación. Su persistencia
me duele porque son muy esporádicas
las veces en que logro devolverles
un poco de la dicha que me traen.
Yo les rindo el tributo de mirar
cada brote que nace, cada brizna
de nube que a lo lejos se desgaja
sin saber qué palabras emplear
en agradecimiento. Con frecuencia
me viene un malestar que me indispone
por su extrema abundancia, por lo mucho
con que tanto agasajo me extenúa,
y pasa largo tiempo sin que sepa
encontrar tres palabras que me den
ni siquiera una mínima esperanza.

Así se van los días y los meses
se convierten en años. Cada vez
es mayor el dolor que me provoca
mi postergada deuda de silencio.

II

ACOSTUMBRO a sentarme en el jardín
y espero a que un milagro se produzca,
pero al cabo de un rato de esperar
el único milagro verdadero
es que yo siga allí, con la mirada
fija en alguna piedra, detenida
en el gato que duerme como un dios,
cansado de su propia creación,
aburrido del mundo. Algunas veces
una palabra cruza por mi mente
como mosca que zumba y que se aleja
y la sangre me vuelve a circular
por la pura emoción de haber sentido
un atisbo de voz inexistente.

III

CUANDO acaba la lluvia y los caminos
se extienden relucientes y a lo lejos
empieza a clarear, salgo de casa
y me adentro en el bosque. Oigo los pinos
crujir igual que mástiles de barcos
enterrados, movidos por el viento.
Camino hacia ningún lugar, me voy
por donde canta un pájaro o despunta
un hongo entre la hierba. Mi cerebro
se afana, igual que yo, tras un pedazo
de idea o se demora distraído
en algo que recuerda. De regreso,
poco a poco volvemos a encontrarnos,
pisando un mismo suelo, compartiendo
un mísero mendrugo de existencia.

IV

El frío todavía no ha llegado
y un verano ya anciano y desvalido
va arrastrando su cuerpo desgastado
con extraño vigor. Octubre espera
que termine septiembre su comedia
para poder salir al escenario
en su eterno papel de perdedor.
La leña recogida se amontona,
cobijo de polillas y ratones.
Los pájaros no saben lo que deben
cantar. Las hojas dudan si aferrarse
a las trémulas ramas, indecisas
de ser desperdigadas por el viento.

V

Aunque aún estén verdes los limones,
ya espigada la albahaca y el almez
cubierto con sus hojas alargadas,
los terrones de tierra removida
esperan en los campos. Todo acaba
por quedarse sumido en el letargo
del otoño incipiente. Todo empieza
a dejarse morir. Incluso yo
comienzo a perder fuelle y languidezco
sometido a inclemencias personales,
a través de las cuales solamente
la sangre se me aquieta como savia
que absorbe sus nutrientes del silencio.

VI

Los amigos que vienen de visita
traen a cuestas consigo la ciudad.
Irrumpen como piedras que perturban
la lisa superficie de mis días
y se llevan de aquí cuando se van
una imagen borrosa y alterada
por su propia presencia. Yo quisiera
haber podido compartir con ellos
el paso de las horas, los caminos,
el olor a ceniza y las mañanas
y no tanta palabra predecible
que ahuyenta cuanto nombra y que disipa
el rastro que conduce hasta las cosas.

VII

CADA vez que percibe en el jardín
algún revoloteo inesperado
el gato de repente se incorpora,
observa atentamente la ventana
y se vuelve a dormir. Del mismo modo
yo logro despertar de mi sopor
al más leve crujir en la hojarasca
del paso de algún verso receloso,
cansado de las cosas que se entregan
sin un mínimo rastro de pudor.

VIII

TODAVÍA es de noche y me levanto
cuando apenas las cosas se insinúan,
aunque ya levemente la mañana
se intuye entre las ramas de los árboles.
A todo cuanto ocurre me anticipo
deseoso de verlo en sus comienzos,
pues nada que se muestre demasiado
despierta mucho tiempo mi interés.

IX

El día empieza siempre prometiendo
una dicha posible y verdadera.
Las cosas por sí solas se nos muestran
como si nunca sucediera nada.
Intentamos sentir por nuestra parte
un amor parecido al que sentimos
cuando aún confiábamos en ellas.
Nos damos mutuamente la ocasión
de empezar otra vez y cada día
terminamos de nuevo defraudados.
Nos basta con poder reconocernos
en su rostro impasible y embustero
para que siempre logren embaucarnos,
pero gracias a tanto desengaño
con poco nos logramos conformar.

X

ESTE eterno vaivén desde el asombro
hasta un tedio profundo y recurrente
me deja extenuado. No sé nunca
con qué rumbo enfrentarme a la marea
ni evitar la zozobra de las horas
que me arrastran. Intento hacer el muerto
porque todo regresa y es inútil
pretender avanzar. Desde la blanca
orilla de las cosas, cada instante
me trae como a un guijarro y se me lleva,
se me lleva y me trae sin que consiga
flotar sencillamente a la deriva
como un mero pedazo de madera.

XI

Vuelvo la vista atrás, mis propias huellas
apenas se distinguen en la orilla,
borradas por la espuma de las olas.
La mañana es espléndida y el sol
consigue que mi sombra taciturna
recostada en la arena se adormezca.
El porvenir no existe todavía.
Lo vivido se olvida en un instante.

XII

Los días se me van y de su paso
no queda más que un rastro imperceptible,
la extraña sensación de que las cosas
no están exactamente en su lugar,
la incómoda certeza de que alguien
las ha manoseado. Mientras yo
por miedo a interferir en su existencia
casi no me atrevía ni a mirarlas,
se entregaron a otros que tuvieron
el coraje de verlas como son.
No merece la pena que las crea
perdidas, pues jamás las perseguí
ni tampoco se dieron por sí solas.

XIII

ENTRAMADO en un velo de neblina
el día se insinúa levemente.
Las ramas de los álamos despuntan
tras un cielo zurcido por las sombras.
Siento el peso del manto de la vida
recubriendo el regazo donde anidan
sus holgadas promesas, la demora
del arduo cometido de mostrar
los márgenes, las lindes, los contornos,
los detalles precisos del paisaje
que revela la luz y manifiestan
las tirantes costuras de las cosas.

XIV

DEDICO la mañana a sopesar
mi balance de deudas con la vida.
Contrasto lo perdido y lo ganado
a través de los años y descubro
que mi única riqueza verdadera
es mi propia insolvencia en devolver
el importe impagable que en mi contra
me convierte en moroso empedernido.
Si pongo en un platillo de la báscula
mi manojo de sueños e ilusiones
constato que en el otro necesito
mucho aplomo, constancia y humildad
para un parco equilibrio convincente.
Me asombra que en la vida pueda haber
quien no quiere pagar por lo que debe
el merecido precio de existir,
el abusivo coste de las cosas.

XV

CAMINO hasta los bosques colindantes
con los campos labrados y me paro
a orillas de sus tierras removidas
como olas que se abaten a mis pies.
Dejo atrás la maraña de zarzales,
el olor de los pinos y rodeo
los surcos paralelos que el arado
y las lluvias de ayer han convertido
en mero barrizal. Sigo un sendero
a través de los márgenes estrechos
donde crece la hierba y los conejos
malviven entre almendros solitarios.
Me adentro en el paisaje como el agua
que busca abrirse paso entre las piedras.
Ya a lo lejos percibo los ladridos
de los perros que cuidan de la granja
y detrás de los álamos vislumbro

los primeros tejados. Llego a casa
con el cuerpo rendido y la cabeza
dispuesta a consagrarse a la lectura
sin tener el estorbo de que nada
reclame la menor actividad.
Así paso los días procurando
darme a partes iguales la ración
de aire fresco y cansancio cotidiano
que requiere mi cuerpo, y la palabra
escrita y meditada que me exige
implacable y sediento el corazón.

XVI

Los días, como cuentas de rosario
en las manos de un dios adormilado
que se reza a sí mismo, se repiten
idénticos. Las noches se suceden
como el hilo invisible que prolonga
su transcurso monótono, que es sólo
el terco y sudoroso entrechocar
de esas perlas sobadas por sus dedos.
Apenas percibimos el murmullo
de su sorda plegaria, cuyos ecos
penetran en los pliegues de la luz
y anidan en las hojas de los árboles.

XVII

Por la entornada puerta de los días
la primavera asoma la cabeza
con su obscena y eterna juventud.
Cada vez es mayor el desconcierto
que provoca la brecha de los años,
cuando irrumpe desnuda a perturbar
esta paz resignada y claudicante.

XVIII

MIENTRAS yo me debato sopesando
si me entrego a la vida o si renuncio
a sus goces falaces, amanece
florecido el almendro moribundo,
predispuesto a dejarse seducir
por la pálida luz de la mañana.

XIX

ME adormece el distante retumbar
de los trenes hundiéndose en la noche.
Me desvelo pensando que en la vida
el único paisaje verdadero
—y digno de atención por nuestra parte—
no es aquel entrevisto en su trayecto
—ni tampoco en sus múltiples paradas—,
sino acaso la imagen recurrente
del propio tren —sin nadie que lo guíe—
desbocado en su curso hacia la luz,
en su ciego atropello a la mañana.

XX

Estas hojas que el viento arremolina
en un rincón cualquiera del jardín
se acumulan igual que las palabras
en la página en blanco y le conceden
un ligero respiro al corazón,
una pausa a la vida que se va,
con su prieta estructura de panal
y su firme urdimbre de poema.
En vez de andar dispersas por ahí
el azar las reúne y les ofrece
la ocasión de quedarse detenidas
en su lento rodar hacia la muerte.

II

CUANDO FALTAN LAS PALABRAS

DESDE LAS SOMBRAS

Si por Borges renuncio a los espejos
y a rocines y galgos por Cervantes,
por Proust a la elegancia de Guermantes
y al amor por Petrarca y sus cortejos;

si por Milton del Mal no estoy tan lejos
y el mar es el de Homero o Jenofonte;
si enmudezco mirando el horizonte
y me anego entre plagios y bosquejos,

se debe a que los grandes, a su paso,
ni siquiera una flor, muerta en un vaso,
dejaron sin decir. También las sombras

reclaman lo que es suyo, si lo nombras.
Desde Basho y el salto de su rana
no hay tarea más ardua ni más vana.

A ORILLAS DEL SILENCIO

Prefiero a cualquier libro o instrumento
la perpetua cadencia de las olas
y el guijarro al hacer sus carambolas
en su eterna carencia de argumento.

Debiera estar tumbado a la bartola
dejándome llevar por lo que siento
y aprender de las nubes y del viento
cuando sopla y embiste y se arrebola,

en vez de someterme a este castigo.
Pues uno es siempre el mismo al contemplar
los rostros infinitos de este mar

que ahora ondula y se mece como el trigo,
cuyo brillo dorado y siempre inquieto
refleja con torpeza este soneto.

Para Manuel Aramendía

LA FLAUTA va exhalando su gorjeo
de pájaro enjaulado, cuyas notas
confunden con victorias las derrotas
de un orden en perpetuo forcejeo.

Como trenza las pajas en el nido
del minúsculo cielo donde vuela,
el silencio en sus cánticos se cuela
engarzando de pausas su sonido,

un dolor compartido, cuyo goce
proviene de sentir en pluma ajena
la misma desazón, la propia pena,
que en sus trinos el alma reconoce.

VIDAS PARALELAS

CUANDO miro la tarde con sus sombras,
sus sedosos celajes de frescura,
su cielo abierto al terminar el día;
cuando escucho surgir estas palabras
y comparo en silencio lo que dicen
con aquello que aspiran a decir,
ya la tarde parece transformada
en una triste copia de sí misma.
(Menos mal que las cosas se me escapan
solamente si trato de decirlas).

IMPÚDICO

Basta que nadie se asombre
y que la tarde no exista,
para que salte a la vista
cuando cualquiera la nombre.
Pero la historia del hombre
empieza con el fracaso
de la palabra y su escaso
poder para conjurar,
porque la tarde echa a andar
con el pudor del ocaso.

DE TARDE EN TARDE

Por mucho que se afanen los vencejos
en volar por encima de los charcos
la tarde no es la misma si no logro
que sean mis palabras las que vuelen
sobre este cielo terco y taciturno
de la página en blanco, donde nada
sucede con la ciega exactitud
de la lluvia que cesa de repente,
donde la vida puede permitirse
el lujo de no ser únicamente
esa cosa que ocurre ante mis ojos.

EL GECO

En el muro atrincherado
aguarda, pétreo, el instante
en que se ponga delante
un mosquito despistado.
Yo también aquí tumbado
espero con sangre fría
la demorada alegría,
el momentáneo consuelo
de alguna palabra al vuelo
que justifique este día.

COARTADA

Como un saurio de piedra adormecido
la torre de la iglesia se agiganta
cuando eructa metal por la garganta
en sus siglos de sueño interrumpido.

La tarde dulcemente ha transcurrido
sin hacer otra cosa que mirarla
y escuchar los retazos de la charla
que los golpes de viento me han traído.

Mi trabajo es velar, estar atento
a todo cuanto es leve, vago, lento
y que a tantos les cansa y les aburre.

Mi salario un olor, una coartada,
una tarde como esta en la que nada
me obliga a dar la espalda a lo que ocurre.

NOCTURNO

A estas pobres palabras azarosas
el silencio tan solo les reclama
una vida más digna que a las cosas.

Aspira a ser la voz como la rama
cuyas hojas alfombran el camino
o se secan a orillas de la cama.

A veces algún verso peregrino
me levanta y a ciegas en la noche
todavía me enfrento a mi destino.

Así evito que el día me reproche
mi indecible pereza, así me voy
convirtiendo en la sombra de quien soy.

LAS PALABRAS pretenden
decir lo que el silencio
se guarda para sí,
con avidez levantan
las faldas a la vida y manosean
la inocente presencia de las cosas.

LAS COSAS en silencio
esperan a ser dichas
para que las veamos.
La voz que nombra el fuego
se consume. Hablan los ojos
cuando sobran las palabras.

TRISTE AQUEL...

Has tardado una vida en comprender
ciertas cosas muy simples.
Saberlas te ha servido
para andar más ligero,
sin el fardo de ver en cada cosa
una huella borrosa y deslucida
de un destino diferente.
Lo que pudo haber sido, de haber sido,
haría que tu vida fuese el sueño de otro.
Asígnate el papel de ser tan solo
el rostro agradecido del espejo,
la incontestable imagen
de tu propia existencia.

III

CUANDO SOBRAN LAS PALABRAS

GRATITUD

AGRADEZCO al invierno sus rigores
y a la noche su lucha con el día,
igual que Marco Aurelio agradecía
cuanto pudo aprender de sus mayores.

Del cielo la penumbra y sus colores,
del niño la tristeza y la alegría,
la forma y el rigor en poesía,
la belleza caduca de las flores,

de la tarde su trágica rutina
y el roble agazapado en la neblina.
Agradezco el vaivén con que la vida

compagina crueldades y clemencias,
los silencios, las pausas, las ausencias
que le dan su compás y su medida.

CADA DÍA

TRAS las colinas la mañana asoma
como volviendo de una larga amnesia
y en lo alto del tejado de la iglesia
se despulga sin prisa una paloma.

En el cielo la niebla se demora
sumida en su nostalgia de tormenta
y la luz en la luz se sedimenta
eternizada en su constante ahora.

Así se va el presente y cada día
se gasta y se renueva la alegría
de verlo transcurrir. Solo nos queda

dejar que nos envuelva con su seda
tejida de sutiles desengaños,
y vivir los minutos, no los años.

DOLCE FAR NIENTE

Mientras muere esta tarde deliciosa
consumida despacio como un cirio,
del constante y frenético martirio
de tener que emprender alguna cosa

me libera esta abeja que en la albahaca
contemplo, ajetreada y hacendosa.
Me digo: «pobrecilla, qué horrorosa
manera de vivir». Desde la hamaca

agradezco la suerte que he tenido,
que los dioses me dieran el sentido
de ser un holgazán. Como otro insecto

podría estarme ahora fatigando,
sin un porqué real ni un hasta cuándo,
si no fuera ya todo tan perfecto.

AHORA

A medida que el tiempo te conduce
al cantado final de tus andanzas
son tantas ya las cosas que no alcanzas
que solo a lo que ocurre te reduces.

Vivir esta evidencia se traduce
en dejar que se incline la balanza
o seguir los compases de la danza
si una sombra en tu senda te seduce.

Siempre queda la lluvia cuando llueve
cayendo por la noche en el tejado,
el aire todavía perfumado

de este otoño tan lánguido y tan leve,
que la vida podría por descarte
decidir ahora mismo arrebatarte.

TRAMPANTOJO

E<small>L</small> día ya tensado como un lienzo
se extiende en la distancia y de un brochazo
perfila el horizonte con su trazo
e insinúa su pálido comienzo.

¿Son reales los montes que a lo lejos
se yerguen como sombras violáceas
o son solo mis dudas que reacias
se miran en sus lomas como espejos?

Es difícil saber si cuánto veo
existe separado del deseo
o si acaso lo inventa la mirada.

A veces basta sólo un parpadeo
y la cosa más muerta u olvidada
florece de repente de la nada

BAJO RELIEVE

El traslúcido mármol de los párpados
deja entrar esta tarde calurosa
a beber en el cauce de mis sueños.
Cuando entreabro los ojos una sombra
recorre silenciosa la pared
y a través de la puerta los sonidos
me llegan convertidos en recuerdos.

REENCUENTRO

Llevados por la vida que, imperiosa,
les manda sin que opongan resistencia,
se van todos a hacer alguna cosa
mientras yo me contento con su ausencia.

Estar solo me basta para ser
nuevamente yo mismo, sin que nada
me obligue a tener algo que emprender
aunque suene otra nueva campanada.

Me niego a no poder como el gusano
ahondar en mi vida hasta el final
y me atengo a aquel dicho de Pascal

de no buscar afuera lo que dentro
proporciona el placer de un reencuentro
con aquello al alcance de la mano.

MIRANDO AL TECHO

A veces tengo dudas de si soy
el eco meramente del sonido
que en el aire produce una palmada.
Esta tarde me basta, sin embargo,
el leve balanceo de la lámpara
para tener certeza de que existo.

DE AQUÍ PARA ALLÁ

Como un viejo artilugio inoperante
que oscila entre dos ejes engranado
voy del tedio a un asombro reiterado
con impulso recíproco y constante.

Cuando el peso de tanta redundancia
activa el mecanismo del hastío
un resorte me salta y me confío
a alguna luz que brille en la distancia.

Pero aquello que causa el movimiento
me obliga a detenerme en lo que siento
y emprendo un recorrido circular.

Así mi vida avanza y retrocede
recreando un vaivén que me concede
la ilusión de que llego a algún lugar.

LINDES

CEGADA por su propia claridad
desconoce la noche la luciérnaga,
igual que del almendro ignora el viento
la quietud y el silencio de sus ramas.

EL VENCEJO en su vuelo el charco roza
pero deja un temblor imperceptible
en la blanca lisura de esta hoja.

LAS VENTANAS ABIERTAS

DEJAN entrar la luz de la mañana
y entre las blancas sábanas revueltas
el aire fresco encuentra todavía
un leve rastro de calor humano,
que en su vuelo se nutre
del aroma del pan
y envuelto en las volutas
del primer cigarrillo, se convierte
en un aire más nuestro y respirable,
al igual que nosotros a su paso
nos volvemos más suyos y distintos
de los seres anónimos que habitan
los oscuros repliegues de la noche.

PASATIEMPO

La mañana despliega la baraja
para empezar su eterno solitario
y entre todas sus cartas cuanto miro
encuentra algún sentido en mi memoria.
Mientras voy despertando lentamente,
consciente de que tengo frente a mí
el tedioso milagro de la vida,
me exalto y me derrumbo porque el día
es tan solo el tapete donde el tiempo
se distrae con sus naipes y mis horas.

PEQUEÑO INCIDENTE COTIDIANO

CADA vez que una ráfaga de viento
sacude el hilo de tender la ropa
las viejas pinzas de madera aprietan
con secreta nostalgia sus mandíbulas
y en el suelo las sábanas caídas
alternan ademanes de tragedia
con patricias posturas soñolientas,
repetidas por siglos sin descanso
para darle a este instante irrepetible
su fugaz y marmórea adolescencia.

SIN MOTIVO

A J. M. Caballero

Se encrespa como el mar
cuyas olas él mismo va creando,
inventa sus tormentas,
retumba en sus orillas
y atrapado en su propia inmensidad
galopa con la boca espumeante.
Yo me dejo llevar y solo siento
que los siglos transcurran y en minutos
convertirme en vestigio de naufragio,
oxidado pedazo de estatuilla,
doloroso fragmento de centauro.

INMÓVIL queda la estatua
frente a la tarde lluviosa,
inerte como una cosa
aterida por el agua,
donde la nieve se fragua
y se caga la gaviota.
Mas su indudable derrota
es soportar a diario
el humillante calvario
de su victoria remota.

EL PASEANTE

Para Daniel Rico

Paseas por estas calles
que apenas ya reconoces,
resuenan lejanas voces,
ofenden mudos detalles.
Parece que en todo halles
—más que un sutil desperfecto—
un plan preciso y abyecto
para privar de su historia
la ciudad que en tu memoria
recorres como un espectro.

INMERECIDO

Esta deuda infinita con la vida,
impagable por ser tan generosa,
además de una dicha es una losa,
una carga abrumante y desmedida.

El alma suele estar agradecida
pero hastiada también, porque la cosa
termina siempre haciéndose tediosa,
pese a tanta belleza inmerecida.

Aunque a veces sucede lo contrario
y parece gratuito el necesario
mecanismo que mueve el sentimiento.

Entonces cuanto ocurre me resulta
de una tal inocencia que me indulta,
pues excluye cualquier remordimiento.

RESCOLDO

Transcurre lenta la tarde,
incierta como una hoguera
de humedecida madera
que ni se apaga ni arde.
La vida siempre hace alarde
de que se acaba y regresa,
poniendo sobre la mesa
siempre las mismas cuestiones,
idénticos nubarrones
de su perpetua promesa.

ÚLTIMA CLARIDAD

Por mucho que la noche nos seduzca
y caigamos de bruces en su reino,
siempre queda entornada alguna puerta
por la que al fin acaba amaneciendo.

ÍNDICE

Beatus ille 11

I. Suite en veinte movimientos

I. *[Los días tristemente se repiten...]* 15

II. *[Acostumbro a sentarme en el jardín...]* 17

III. *[Cuando acaba la lluvia y los caminos...]* 18

IV. *[El frío todavía no ha llegado...]* 19

V. *[Aunque aún estén verdes los limones...]* 20

VI. *[Los amigos que vienen de visita...]* 21

VII. *[Cada vez que percibe en el jardín...]* 22

VIII. *[Todavía es de noche y me levanto...]* 23

IX. *[El día empieza siempre prometiendo...]* 24

X. *[Este eterno vaivén desde el asombro...]* 25

XI. *[Vuelvo la vista atrás, mis propias huellas...]* . . 26

XII. *[Los días se me van y de su paso...]* 27

XIII. *[Entramado en un velo de neblina...]* 28

XIV. *[Dedico la mañana a sopesar...]* 29

XV. [*Camino hasta los bosques colindantes...*] . . . 30

XVI. [*Los días, como cuentas de rosario...*] 32

XVII. [*Por la entornada puerta de los días...*] . . . 33

XVIII. [*Mientras yo me debato sopesando...*] 34

XIX. [*Me adormece el distante retumbar...*] 35

XX. [*Estas hojas que el viento arremolina...*] 36

II. Cuando faltan las palabras

Desde las sombras 39

A orillas del silencio. 40

La flauta 41

Vidas paralelas 42

Impúdico 43

De tarde en tarde 44

El Geco 45

Coartada 46

Nocturno 47

Las palabras 48

Las cosas 49

Triste aquel... 51

III. Cuando sobran las palabras

Gratitud 55

Cada día 56

Dolce far niente 57

Ahora 58

Trampantojo 59

Bajo relieve 60

Reencuentro 61

Mirando al techo 62

De aquí para allá 63

Lindes 64

El vencejo 65

Las ventanas abiertas 66

Pasatiempo 67

Pequeño incidente cotidiano 68

Sin motivo 69

Inmóvil 70

El paseante 71

Inmerecido 72

Rescoldo 73

Última claridad 74

Última claridad
de Bernando Valdés
salió de la imprenta el
2 de junio de 2025